云南省地方标准

桥梁预应力施工质量控制与验收规程

DB 53/T 828—2017

人民交通出版社股份有限公司
China Communications Press Co.,Ltd.

图书在版编目(CIP)数据

桥梁预应力施工质量控制与验收规程：DB 53/T 828—2017 / 云南省公路开发投资有限责任公司等编. — 北京：人民交通出版社股份有限公司, 2019.3

ISBN 978-7-114-15424-9

Ⅰ. ①桥… Ⅱ. ①云… Ⅲ. ①预应力混凝土桥—桥梁施工—质量控制—规程—云南②预应力混凝土桥—桥梁施工—工程验收—规程—云南 Ⅳ. ①U448.35-65

中国版本图书馆 CIP 数据核字(2019)第 057032 号

云南省地方标准

书　　名：	桥梁预应力施工质量控制与验收规程
著 作 者：	云南省公路开发投资有限责任公司　等
责任编辑：	郭红蕊
责任校对：	尹　静
责任印制：	张　凯
出版发行：	人民交通出版社股份有限公司
地　　址：	(100011)北京市朝阳区安定门外外馆斜街 3 号
网　　址：	http://www.ccpress.com.cn
销售电话：	(010)59757973
总 经 销：	人民交通出版社股份有限公司发行部
经　　销：	各地新华书店
印　　刷：	北京鑫正大印刷有限公司
开　　本：	880×1230　1/16
印　　张：	2
字　　数：	52 千
版　　次：	2019 年 3 月　第 1 版
印　　次：	2019 年 3 月　第 1 次印刷
书　　号：	ISBN 978-7-114-15424-9
定　　价：	30.00 元

(有印刷、装订质量问题的图书由本公司负责调换)

目 次

前言 III
1 范围 1
2 规范性引用文件 1
3 术语和定义 1
4 总则 3
5 基本要求 3
6 材料和器具 4
7 预应力管道安装 6
8 预应力筋制作 7
9 预应力筋与锚具安装 8
10 预应力张拉及检测设备 8
11 施工队伍和操作人员 9
12 预应力张拉施工准备 9
13 预应力张拉施工 9
14 预应力孔道压浆、密实度检测及封锚 10
15 施工质量检测 12
16 施工质量验收 13
附录 A（资料性附录） 检验批质量验收记录 15
附录 B（资料性附录） 预应力张拉跟踪记录 16
附录 C（资料性附录） 锚下有效预应力检测验收记录 17
附录 D（规范性附录） 预应力筋—锚具组装件周期荷载性能试验 18
附录 E（资料性附录） 梳编穿束 19
附录 F（规范性附录） 预应力张拉控制设备进场验收 21
附录 G（规范性附录） 锚下有效预应力检测方法 22
附录 H（规范性附录） 预应力孔道压浆设备进场验收 23
附录 I（规范性附录） 预应力施工技术培训与考核大纲 24
附录 J（规范性附录） 锚下有效预应力不均匀度计算方法 26

前言

本标准按照 GB/T 1.1—2009《标准化工作导则 第1部分：标准的结构和编写》给出的规则起草。

本标准由云南省公路开发投资有限责任公司提出。

本标准由云南省交通运输标准化技术委员会(YNTC13)归口。

本标准主要起草单位：云南省公路开发投资有限责任公司、云南云岭高速公路建设集团有限公司、保山市重点公路建设管理处、重庆交通大学、云南昭会高速公路建设指挥部。

本标准主要起草人员：常 文 张存华 宁云华 王继成 崔学常 苏子兴 周应新 朱德庆 李玉昌 罗永军 向中富 吴进良 蒋 雷 徐丹江

桥梁预应力施工质量控制与验收规程

1 范围

本标准规定了云南省公路桥梁预应力张拉施工的质量控制和要求。
本标准适用于云南省公路桥梁新建、改建和加固工程中预应力工程施工。

2 规范性引用文件

下列文件对于本文件的应用是必不可少的。凡是注日期的引用文件,仅注日期的版本适用于本文件。凡是不注日期的引用文件,其最新版本(包括所有的修改单)适用于本文件。

GB/T 1346	水泥标准稠度用水量、凝结时间、安定性检验方法
GB/T 5223	预应力混凝土用钢丝
GB/T 5224	预应力混凝土用钢绞线
GB 8076	混凝土外加剂
GB/T 11115	聚乙烯(PE)树脂
GB/T 13929	水环真空泵和水环压缩机 试验方法
GB/T 14370	预应力筋用锚具、夹具和连接器
GB/T 17671	水泥胶砂强度检验方法(ISO法)
GB/T 20065	预应力混凝土用螺纹钢筋
GB 50936	钢管混凝土结构技术规范
JG/T 161	无粘结预应力钢绞线
JG 225	预应力混凝土用金属波纹管
JG/T 430	无粘结预应力筋用防腐润滑脂
JB/T 8091	螺杆泵试验方法
JTG/T F50	公路桥涵施工技术规范
JT/T 529	预应力混凝土桥梁用塑料波纹管
DB 53/T 811—2016	桥梁预应力管道注浆密实度检测技术规程

3 术语和定义

下列术语和定义适用于本文件。

3.1

锚具综合试验
包括静载锚固试验、锚具内缩量试验、摩阻损失试验和张拉锚固工艺试验的一整套试验。

3.2

张拉控制应力
张拉预应力筋时所控制锚下的最大应力值,其值为张拉设备所控制的锚下总张拉力除以预应力筋截面面积得到的应力值。

3.3

张拉应力

张拉预应力筋时在张拉端体外所施加的应力，其值为张拉设备显示的总张拉力除以预应力筋截面面积得到的应力值。

3.4

超张拉系数

为消除各种因素引起的预应力损失而设定的张拉控制应力提高系数。

3.5

锚固损失

放张锚固后，因预应力筋回缩和锚具、梁体变形引起的预应力损失。

3.6

锚下有效预应力

预应力筋张拉锚固后，实际张拉控制应力扣除相应损失后，预应力筋锚下留存的应力。

3.7

补张拉

预应力筋的有效预应力未达到设计要求，再次对其进行张拉，使之符合要求。

3.8

有效预应力检测

预应力筋张拉锚固后，对锚下有效预应力大小及其不均匀度的检测评定。

3.9

有效预应力同束不均匀度

同一束预应力筋中各单根钢绞线锚下有效预应力最大值和最小值的偏差程度。

3.10

有效预应力同断面不均匀度

同一断面上同类、同批张拉的各束预应力筋有效预应力最大值和最小值的偏差程度。

3.11

主控项目

建筑工程中对安全、卫生、环境保护和公众利益起决定性作用的检验项目。

3.12

一般项目

除主控项目以外的检验项目。

4 总则

4.1 预应力施工的过程控制与质量检验应符合设计文件的规定,遵守国家建设工程质量方面的法律法规。

4.2 预应力施工的过程控制与质量检验应遵守国家安全生产方面的法律法规,严格执行安全操作规程,保障操作人员的职业健康,保证操作安全。

4.3 预应力施工的过程控制与质量检验除应符合本标准要求外,尚应符合国家和行业现行有关标准、规范的规定。

5 基本要求

5.1 一般规定

5.1.1 编制施工技术方案应包括预应力施工,按规定程序审查批准。
5.1.2 预应力施工质量应进行全程跟踪控制与首件工程检测验证,发现问题应及时调整施工工艺。
5.1.3 预应力施工应按设计要求及专项施工方案实施,并分批验收。
5.1.4 预应力施工过程中发生质量问题,应及时处理并达到设计要求后,方可进行验收。
5.1.5 预应力施工质量应按下列规定进行控制:
   a) 预应力工程采用的主要材料、成品应按有关规定进行相应的质量检测、试验和进场验收工作。
   b) 预应力施工用的器具和设备进入现场使用前应按有关规定进行检定与校准。
   c) 预应力施工各工序应进行质量控制,每道工序完成后应进行检验,并形成记录。
   d) 预应力施工各工序之间应进行交接检验,未按程序检验认可,不得进行下道工序施工。

5.2 预应力施工质量验收单元划分

预应力施工质量验收检验批应按表 1 的规定执行。

表 1 预应力施工质量验收检验批

序 号	检 验 批	具 体 内 容
1	预应力安装	管道安装,预应力筋制作,预应力筋与锚具安装
2	预应力张拉	张拉力及伸长量,压浆、封锚

5.3 预应力施工质量验收

5.3.1 主控项目按 15% 进行抽检,合格率不得低于 90%;一般项目按 10% 进行抽检,合格率不得低于 80%。
5.3.2 预应力工程检验批均应验收合格,并有完整的施工操作记录和质量检查记录。
5.3.3 预应力施工质量验收资料的整理应按本规程附录 A、B、C 进行。
5.3.4 预应力工程质量验收合格应符合以下规定:
   a) 具有完整的施工技术资料。

3

b) 需整改的项目已完成。
c) 各项性能指标抽查符合本标准及相关规范的规定。

5.3.5 预应力工程发生质量问题,若整改后仍不满足要求,不得验收。

6 材料和器具

6.1 一般规定

6.1.1 预应力混凝土用钢丝应符合 GB/T 5223 的规定,钢绞线应符合 GB/T 5224 的规定,无黏结预应力钢绞线应符合 JG/T 161 的规定,螺纹钢筋应符合 GB/T 20065 的规定。无黏结预应力筋必须采用防水防腐性能良好的材料防护,防腐材料必须符合 JG/T 430 的规定。无黏结预应力筋护套表面应光滑、无裂缝、无凹陷、无可见钢绞线轮廓、无气孔、无机械损伤。无黏结预应力筋塑料防护套材料应采用挤塑成型聚乙烯管,其性能和质量应符合 GB/T 11115 的规定。

6.1.2 预应力筋用锚具、夹具和连接器应符合 GB/T 14370 的规定。

6.1.3 预应力混凝土用金属波纹管应符合 JG 225 的规定,塑料波纹管应符合 JT/T 529 的规定。

6.1.4 预应力筋进场时,应进行分批验收。预应力混凝土用钢丝、钢绞线每批重量不得大于 60t,螺纹钢筋每批重量不得大于 100t。每批钢丝、钢绞线、螺纹钢筋应由同一批次的产品组成。

6.1.5 锚具、夹具和连接器应分批验收。锚具的每个验收批不宜超过 2 000 套,夹具、连接器的每个验收批不宜超过 500 套。每批锚具、夹具和连接器应由同一厂家生产的同一批次组成。

6.1.6 金属波纹管应分批验收,每批应由同一厂家生产的同一批钢带所制造的金属波纹管组成,累计半年或 50 000m 生产量为一批,不足半年产量或 50 000m 也可作为一批。

6.1.7 塑料波纹管应分批验收,每批应由同一厂家生产的同一批次组成,每批数量应不超过 10 000m。

6.1.8 预应力材料应保持清洁,在存放和运输时应避免产生机械损伤和腐蚀。进场后的存放时间不宜超过 6 个月,且宜存放在干燥、防潮、通风良好、无腐蚀气体和介质的仓库内;在室外存放时,不得直接堆放于地面,应支垫并遮盖,防止雨露和各种腐蚀性介质对其产生不利影响。

6.1.9 对特大桥、大桥或重要桥梁工程,在锚具进场时,应提供锚具成套综合试验报告,体外索应按相关标准做锚具组疲劳试验(其试验中夹片重复锚固次数应比现场使用多 2 次)。

6.1.10 锚具、夹具和连接器应满足下列要求:
a) 锚具应满足分级张拉、补张拉以及放松预应力筋的要求。
b) 夹具应具有良好的自锚、退锚和重复使用性能。
c) 锚具、夹具和连接器的零件表面应做防锈处理。
d) 用于结构受力的锚具(不含工具锚)不宜重复使用。

6.2 预应力筋

6.2.1 预应力筋进场时,应对其质量证明文件、包装、标志和规格数量进行检查,并应符合有关规范规定和设计要求。

6.2.2 预应力混凝土用钢丝进场后使用前,应抽取试件做力学性能试验,其质量必须符合 GB/T 5223 的规定。

6.2.3 预应力混凝土用钢绞线进场后使用前,应抽取试件做力学性能试验,其质量必须符合 GB/T 5224 的规定。无黏结预应力钢绞线进场后使用前,应抽取试件做力学性能试验,其质量必须符合 JG/T 161 的规定。

6.2.4 预应力混凝土用螺纹钢筋进场后使用前,应抽取试件做力学性能试验,其质量必须符合表 2 的规定。

表 2 预应力混凝土用螺纹钢筋力学性能

级 别	屈服强度 R_{el} (MPa)	抗拉强度 R_m (MPa)	断后伸长率 A (%)	最大力下总伸长率 A_{gt} (%)	应力松弛性能 初始应力	1 000h 后应力松弛率 V_t (%)
			不小于			
PSB785	785	980	7	3.5	$0.8 R_{el}$	≤3
PSB830	830	1 030	6			
PSB930	930	1 080	6	3.5	$0.8 R_{el}$	≤3
PSB1080	1 080	1 230	6			

6.3 锚具、夹具和连接器

6.3.1 锚具、夹具和连接器进场验收时,应对其质量证明文件、型号、规格数量及适用的预应力筋品种、规格和强度等级等进行检验,必须符合有关规范规定和设计要求,提供检验报告。

6.3.2 锚具、夹具和连接器的性能应满足以下要求:

a) 静载锚固性能:锚具效率系数 η_a 和达到实测极限拉力时组装件受力长度总应变 ε_{apu} 应满足 $\eta_a \geqslant 0.95$、$\varepsilon_{apu} \geqslant 2.0\%$。

b) 内缩量不得大于 6mm。

c) 锚具的锚口摩擦损失率不得大于 6%。

d) 张拉锚固工艺应满足以下要求:

1) 具有分级张拉或因张拉设备倒换行程需要时的临时锚固。

2) 经过多次张拉锚固后,预应力筋内各根预应力钢材受力仍保持均匀。

3) 在张拉发生故障时,预应力筋具有全部放松的措施:
- 对于承压式锚具,可用张拉设备松开锚具,将预应力缓慢地卸除。
- 对于夹片式、锥塞式锚具,可用专用放松装置将锚具松开。
- 严禁在预应力筋存在拉力的状态下直接将锚具卸去。
- 对于需再次锚固的预应力筋,严禁有夹痕的部分进入受力段。
- 应有可靠的放张方案和详尽的放张记录。

4) 单根垫板连体式锚具,预应力筋应能在锥形夹片孔中自由对中和不顶压锚固。

6.3.3 用于抗震设防烈度为Ⅶ度及以上地区的锚具、夹具和连接器除应符合本规程规定外,还应按有关国家和行业标准进行周期荷载性能试验,可参照附录 D。

6.3.4 锚具、夹具和连接器的表面不得有裂纹、污染、锈蚀等缺陷。

6.3.5 锚具、夹具和连接器的硬度应符合有关国家和行业标准要求。

6.4 预应力管道

6.4.1 金属波纹管和塑料波纹管进场时,应对其类别、型号、规格及数量进行检验,并应符合有关规范规定和设计要求。

6.4.2 金属波纹管进场时,应对其在荷载下的径向刚度、荷载作用后的抗渗漏及抗弯曲渗漏等进行检验,并应符合 JG 225 的规定。

6.4.3 塑料波纹管进场时,应对其密封性进行检测,并应符合 JT/T 529 的规定。

6.4.4 金属波纹管外观应清洁,内、外表面无油污,无引起锈蚀的附着物,无孔洞和有害折皱,咬口无开裂、无脱口。

6.4.5 塑料波纹管外观应光滑,色泽均匀,内、外壁不允许有隔体破裂、气泡、空洞、硬块及影响使用的划伤。

6.4.6 钢管用作管道应符合 GB 50936 的规定。

6.4.7 慎用金属波纹管。

7 预应力管道安装

7.1 一般规定

7.1.1 管道安装完毕经检验合格后应及时将其端口封堵。

7.1.2 管道安装后,需在其附近进行焊接作业时,必须对管道采取保护措施。

7.2 主控项目

后张预应力管道安装允许偏差应符合表3的规定。

表3 后张预应力管道安装允许偏差

项 目		允许偏差(mm)	检查频率和方法
管道坐标	梁长方向	30	曲线段不少于5点,直线段不少于3点,尺量
	梁高方向	10	
管道间距	同排	10	曲线段不少于5点,直线段不少于3点,尺量
	上下层	10	
注:该公差属于张拉施工质量验收中的检控项目,应严格控制。			

7.3 一般项目

7.3.1 预应力管道安装时,其品种、级别、规格、数量、位置、锚固点必须满足要求。

检验数量:全部。

检验方法:观察,尺量。隐蔽工程检查验收记录。

7.3.2 安装管道时,应去掉端头毛刺、卷边和折角,应保证管道直线段平顺、曲线段圆滑、管壁无破损、接头处密封良好。定位后的管道,其端头轴心线应与锚垫板垂直。管道各断面应定位准确、安装牢固可靠。

检验数量:全部。

检验方法:观察,尺量。

7.3.3 管道应采用定位钢筋固定。定位钢筋间距:对钢管不宜大于1.0m,对波纹管道不宜大于0.8m,对曲线管道和扁平波纹管应满足要求。

检验数量:全部。

检验方法:观察,尺量。

7.3.4 管道的接头应布置在直线段,可采用直径大一个规格的同类管道作为接头套管,其长度宜为被连接管道内径的5~7倍,接头套管两端与被接管交接处应用密封胶带或塑料热缩管封裹,防止接缝处进浆堵塞管道。相邻管道接头应错开接头范围。

检验数量:全部。

检验方法:观察,尺量。

7.3.5 所有管道均应设压浆孔,并应在管道每个顶点设排气孔或排浆管,必要时应在每个低点设排水孔。压浆管、排气管、排浆管和排水管应采用最小内径为20mm的标准管或适宜的塑性管,与管道之间的连接应采用金属或塑料结构扣件,长度应足以从管道引出结构物以外。

检验数量:全部。
检验方法:观察,尺量。

8 预应力筋制作

8.1 一般规定

8.1.1 预应力筋的制作应在专业预应力筋加工工厂或现场工作台上进行。钢绞线、钢丝束中的每根钢丝不得有接头或死弯。

8.1.2 钢丝、钢绞线及螺纹钢筋应采用切割机或砂轮锯切断,严禁采用电弧切割或气割。

8.1.3 成品预应力筋验收合格后,应签发合格证,并悬挂标志牌。

8.2 主控项目

8.2.1 预应力筋的下料长度应满足预应力筋设计尺寸及张拉需要。预应力筋安装位置应准确,后张预应力筋安装允许偏差应符合表3的规定;先张预应力筋安装允许偏差应符合表4的规定。

表4 先张预应力筋安装允许偏差

序号	项目		允许偏差(mm)	检验频率		检验方法
				范围	点数	
1	镦头钢丝同束长度相对差	$L>20m$	$L/5000$ 且 ≤5	每批	2	尺量
		$L=6\sim20m$	$L/3000$ 且 ≤3			
		$L<6m$	2			
2	冷拉钢筋接头在同一平面的轴线偏位		2 且 ≤1/10 直径		抽查30%	拉线尺量
3	中心偏位		4% 短边及5		全部	尺量
注:L 为预应力束长。						

8.2.2 预应力筋下料完毕后,应用梳束板或相应锚具梳束、编束,逐根理顺,并绑扎成束,绑扎间距宜控制在1.5m,严禁相互缠绕。对用连接器接长的预应力筋束以及贯穿长束,绑扎间距宜控制在1.0m,严禁用电弧将预应力筋焊接成束,具体操作可参照附录E。

检验数量:全部。
检验方法:观察,尺量。

8.3 一般项目

8.3.1 制作预应力筋时,应对整束和束中各单根钢绞线进行编号并标识,每根钢绞线编号应统一,并与梳束板(锚具)各孔编号对应,编号完毕应对编号标识进行可靠保护。

检验数量:全部。
检验方法:观察。

8.3.2 制作完毕、经检验合格的预应力筋应按编号整齐平顺地存放在距地面20cm以上的支架或垫木上,不得叠压存放。支架间距宜控制在1.0m~1.5m之间,并应进行临时防护。预应力筋存放处应干燥、通风,不得接触有腐蚀性的物质。
  检验数量:全部。
  检验方法:观察,尺量。

9 预应力筋与锚具安装

9.1 主控项目

9.1.1 预应力筋及其锚具、夹具和连接器安装时,其品种、级别、规格、数量必须满足要求。锚具安装位置应准确,固定牢靠,锚垫板与预应力筋轴线在锚固区应相互垂直。
  检验数量:全部。
  检验方法:观察,尺量。

9.1.2 利用螺母锚固的支承式锚具,安装前应逐个检查螺纹的配合情况;大直径螺纹的表面应涂润滑油脂,使张拉和锚固时能顺利旋合和拧紧。

9.2 一般项目

9.2.1 预应力筋安装应采用简易工装整束穿入,可前后拖动,不得扭转。对于穿束困难的预应力筋束,宜采用能确保整束穿束的专用系统,可参照附录E。对安装完毕未立即张拉的预应力筋,其外露端应采用防护套封闭,防止锈蚀。对混凝土浇筑前穿的束在浇筑时应加强对波纹管的保护。
  检验数量:全部。
  检验方法:观察。

9.2.2 预应力筋端部锚具的制作质量应满足下列要求:
  a) 挤压锚具制作时,挤压后预应力筋外端应露出挤压套筒1mm～5mm,挤压后锚具抗拔锚固力不得低于预应力筋抗拉强度的95%。
  b) 钢丝镦头抗拔强度不得低于钢丝抗拉强度的98%。
  检验数量:对挤压锚具,每批(1 000 个以内)抽查5%,且不少于5件;对压花锚,每批(1 000 个以内)抽查3件;对钢丝镦头强度,每批(1 000 个以内)抽查6个试件。
  检验方法:观察,尺量。

9.2.3 锚具、夹具和连接器在安装前,应擦拭干净,需要在锚固构件上涂抹介质以改善锚固性能时,应在锚具安装时涂抹。
  检验数量:全部。
  检验方法:观察,尺量。

9.2.4 预应力筋安装完毕后应调整两端长度,使之满足张拉操作需要,外露部分应进行临时防护。
  检验数量:全部。
  检验方法:观察,尺量。

10 预应力张拉及检测设备

10.1 预应力张拉控制设备进场验收

  a) 预应力张拉设备的进场验收应符合附录F的规定。
  b) 张拉设备标定时应保证重复精度在±1%内,持荷稳态时间不应少于30s。
  c) 张拉时采用油压传感器或压力传感器作为测力计的,油压传感器必须和泵站系统配套整体标定,压力传感器可单独标定,张拉过程中应满足标定时的安装条件。

d) 所有张拉设备在第一次张拉前均应进行标定。
e) 张拉设备在长期不使用、标定时间超过半年、张拉超过 300 次、使用中出现异常现象或千斤顶检修后,均应重新标定。
f) 油压传感器和压力传感器标定时间应按现行国家有关标准对测力元件标定周期的规定进行。
g) 张拉千斤顶的额定张拉力宜为所需张拉力的 1.5 倍,且不得小于 1.2 倍。

10.2 锚下有效预应力检测设备进场验收

锚下有效预应力检测设备的进场验收应符合附录 G 的规定。

10.3 预应力孔道压浆设备进场验收

预应力孔道压浆设备的进场验收应符合附录 H 的规定。

10.4 孔道压浆密实度检测设备进场验收

孔道压浆密实度检测设备的检测结果应经过有效的现场验证,可参照 DB 53/T 811—2106 执行。

11 施工队伍和操作人员

预应力施工队伍和操作人员的技术培训和考核应符合附录 I 的规定。

12 预应力张拉施工准备

施工单位必须编制施工技术方案(包含预应力施工),重点审查以下内容:
a) 操作人员是否持证上岗。
b) 原材料是否进行自检(特别是锚具是否进行了静载锚固试验)。
c) 是否进行了预应力管道摩阻试验(跨径小于 30m 的预制梁不做强制要求)。
d) 是否对设计提供的预应力张拉伸长量进行了独立复算(必须根据实际张拉设备计算)。
e) 预应力张拉设备是否按附录 F 规定进行了验收。
f) 预应力孔道压浆设备是否按附录 H 规定进行了验收。
g) 预应力张拉时混凝土是否达到要求的强度和弹性模量。
h) 预应力张拉、孔道压浆后是否在对应部位进行醒目标示。

13 预应力张拉施工

13.1 一般规定

13.1.1 预应力张拉施工前应对混凝土构件、锚垫板进行检验,构件经检验合格,锚垫板符合要求。
13.1.2 预应力张拉设备和孔道压浆设备必须有清晰的型号和编号,应配置备用设备。
13.1.3 预应力施工过程中出现滑丝、断丝、夹片破裂、锚垫板变位破裂、千斤顶漏油、压力表不回零等情况时,应停止张拉,待查明原因并采取有效措施纠正问题后,方可继续施工。
13.1.4 应具有经审批的施工技术方案(包含预应力施工),若变更应再经审批。

13.2 张拉施工

13.2.1 张拉控制应力与张拉力

预应力混凝土用钢丝、钢绞线、螺纹钢筋的张拉控制应力值σ_{con}、张拉应力值σ_{ten}应符合设计和相关规范要求。

钢丝、钢绞线：

$$\sigma_{con} \leqslant 0.75 f_{pk} \quad \sigma_{ten} \leqslant 0.80 f_{pk} \tag{1}$$

螺纹钢筋：

$$\sigma_{con} \leqslant 0.90 f_{pk} \quad \sigma_{ten} \leqslant 0.95 f_{pk} \tag{2}$$

式中：f_{pk}——预应力钢筋抗拉强度标准值。

当对构件进行超张拉或计入锚圈口摩擦损失时，预应力筋的张拉应力值（张拉设备施加的力值F除以预应力筋截面面积）可比张拉控制应力增加$0.05 f_{pk}$，对钢丝和钢绞线不应超过$0.80 f_{pk}$；对螺纹钢筋不应超过$0.95 f_{pk}$。

张拉过程中可按张拉力进行控制。

$$F = \sigma_{ten} \cdot A_p = (\sigma_{con} \cdot n_0) \cdot A_p \tag{3}$$

式中：n_0——克服锚圈口摩阻力的超张拉系数（对夹片式锚具，超张拉系数取1.03，有条件时应采用实测的锚圈口摩阻损失系数）；

F——最大张拉力；

A_p——预应力筋的截面面积。

13.2.2
竖向预应力筋（含螺纹钢筋）可反复张拉到最大张拉力，然后按正常张拉程序张拉锚固；也可采用先张拉、锚固，在压浆前重新张拉、锚固的方法张拉。

13.2.3
同一断面上张拉多束预应力筋时，按设计要求张拉，设计未规定时，应分批、对称、分级张拉；同一束内所有预应力筋同步张拉到张拉应力，但对于扁平管道除外。

13.2.4
张拉以应力和伸长值进行双控，初应力按张拉应力σ_{ten}的10%～25%选择。

13.2.5
安装张拉设备时，应使张拉力合力作用线与预应力筋束的轴线重合。预应力筋束两端张拉应同步张拉，同步持荷，不得先在一端锚固后，再在另一端补足预应力值进行锚固，最大张拉力持荷时间可取5min。

13.3 主控项目

13.3.1 张拉应力的精度应为±1.5%，各千斤顶之间同步张拉力的允许误差应在±2%以内。

13.3.2 检验数量：全部。
检验方法：观察，检查张拉报告。

13.3.3 实际伸长值与理论伸长值的偏差应控制在±6%以内。

13.3.4 检验数量：全部。
检验方法：观察、尺量。检查张拉报告。

14 预应力孔道压浆、密实度检测及封锚

14.1 主控项目

14.1.1 孔道压浆宜采用专用压浆料或专用压浆剂配制的浆液进行压浆，所用原材料应符合JTG/T F50的规定。采用压浆材料配置的浆液，其性能应符合表5的规定。

检验数量：全部。
检验方法：应按表 5 的规定执行。

表 5 后张预应力孔道压浆浆液性能指标

项 目		性 能 指 标	检验试验方法标准
水胶比(%)		0.26～0.28	
凝结时间(h)	初凝	≥5	GB/T 1346
	终凝	≤24	
流动度(s)	初始流动度	10～17	JTG/T F50
	30min 流动度	10～20	
	60min 流动度	10～25	
泌水率(%)	24h 自由泌水率	0	JTG/T F50
	3h 钢丝间泌水率	0	
压力泌水率(%)	0.22MPa（孔道垂直高度≤1.8m 时）	≤2.0	JTG/T F50
	0.36MPa（孔道垂直高度＞1.8m 时）		
自由膨胀率(%)	3h	0～2	
	24h	0～3	
充盈度		合格	
抗压强度(MPa)	3d	≥20	GB/T 17671
	7d	≥40	
	28d	≥50	
抗折强度(MPa)	3d	≥5	
	7d	≥6	
	28d	≥10	
对钢筋的锈蚀作用		无锈蚀	GB 8076

14.1.2 预应力筋张拉后宜在 48h 内进行孔道压浆，水泥浆自拌制至该孔道稳压结束的时间，不得超过水泥浆的初凝时间。压浆时排气管、排浆管和排水管应有水泥原浆溢出后方可封闭，并稳压 5min 后再补压，孔道内水泥浆应饱满、密实。

检验数量：全部。
检验方法：观察，检查孔道压浆与张拉施工记录。

14.1.3 水泥浆的抗压强度必须符合设计要求，当设计无要求时，水泥浆的抗压强度等级应不低于 50MPa。移动混凝土构件时水泥浆的抗压强度必须符合设计要求，设计无要求时，水泥浆的抗压强度不应低于设计强度的 90%。

检验数量:全部。

检验方法:应按表5的规定执行。

14.1.4 预应力管道,长度30m以上的管道压浆必须采用真空辅助压浆工艺。

检验数量:全部。

检验方法:观察。

14.1.5 压浆后应进行密实度首件检测认证,确认灌浆工艺及其设备的正确性。

检验数量:按10%抽检。

检验方法:内窥镜检测法,可参照 DB 53/T 811—2016 执行。

14.2 一般项目

14.2.1 张拉端锚头在压浆前进行封塞,应对孔道进行清洁、湿润,清除有害物质、吹出孔道内积水。

检验数量:全部。

检验方法:观察。

14.2.2 压浆过程中及压浆后48h内,环境温度不得低于5℃,否则应对构件采取保温措施。当环境温度高于35℃时,压浆宜在夜间进行。

检验数量:每工作班一次。

检验方法:测温仪。

14.2.3 封锚混凝土应密实并与周围混凝土黏结牢固,锚固区预应力筋端头的混凝土保护层厚度不得小于20mm,当处于易受腐蚀的环境中时,保护层应适当加厚。封锚混凝土强度等级应与相应结构混凝土强度等级一致。

检验数量:全部。

检验方法:观察、尺量。

14.2.4 对突出式锚固端,锚具表面距混凝土边缘不得小于50mm。

检验数量:全部。

检验方法:观察、尺量。

14.2.5 封锚混凝土内应配置钢筋网,并应与预留锚固钢筋绑扎牢固。

检验数量:全部。

检验方法:观察。

15 施工质量检测

15.1 张拉过程控制精度

预应力张拉时应进行过程控制,其控制精度应满足:

a) 多顶张拉同步性控制精度为±2%。
b) 张拉应力精度为±1.5%。
c) 张拉至张拉应力后,应保证足够的持荷时间。

检验数量:全部。

检验方法:观察,检查张拉报告。

15.2 预应力筋断丝、滑移限制

预应力筋断丝、滑移限制应符合表6的规定。

表6 预应力筋断丝、滑移限制

预应力筋种类、张拉方式	断丝、滑丝数（根）		检查方法与频率
	钢丝、钢绞线	钢筋	
先张预应力筋	同一构件内断丝数不得超过总数的1%	不允许	观察，全部检查
后张预应力筋	每束1根，且每断面不得超过总数的1%	不允许	

15.3 锚具夹片位置

预应力张拉锚固后，锚具夹片顶面错位不得大于2mm，且全部夹片高差不得大于3mm。

检验数量：全部。

检验方法：观察、尺量。

15.4 预应力筋多余部分切割

切割预应力筋多余部分应在预应力张拉锚固确认合格后进行，切割后预应力筋的外露长度不宜小于预应力筋直径的1.5倍，且不得小于30mm。严禁使用电弧切割或气割。

检验数量：检查预应力筋总数的10%，且不少于5束。

检验方法：观察、尺量。

16 施工质量验收

16.1 一般规定

预应力检测验收设备必须进行自身精度和检测精度认证，对张拉完毕的索力或者预应力，务必实施首件工程检测验证完善工艺，检测结果应及时报送。

16.1.1 预应力张拉施工完毕，对施工过程中存在的问题，经处理后已达到要求的，方可进行验收。张拉施工质量验收除应符合本规程规定外，还应符合JTG/T F50等相关规范的要求。

16.1.2 预应力施工质量验收应符合以下规定：
  a) 根据材料类别可划分为预应力筋、波纹管和锚具等检验批，其质量标准和检验方法均应符合国家现行有关产品标准和本规程的规定。
  b) 根据施工工艺流程可划分为制作及安装、张拉、压浆、封锚等检验批。每个检验批的质量验收均须确认。

16.1.3 张拉施工质量应满足以下要求：
  a) 后张法管道安装位置偏差、摩阻大小及张拉控制精度等合格率不得低于90%。
  b) 有效预应力大小和不均匀度合格率不得低于90%。

16.2 验收

16.2.1 对首件的预应力管道安装、穿束、张拉、压浆等关键环节进行全过程控制和检查，同时对锚下有效预应力、预应力孔道压浆密实度进行检测验收。

16.2.2 对于锚下有效预应力的检测验收，必须采用单根检测技术，不得采用整束检测技术。

16.2.3 预应力施工质量检测各项目的控制要求和允许偏差列于表7～表9。

表7 预应力、索力检测频率

类 别		检测频率(%)
预应力筋	一般预应力筋	≥10
	体外筋、环形筋、竖向筋、负弯矩段筋	≥15
	边、中跨合龙段预应力筋	≥20

表8 预应力筋有效预应力检测结果评定标准

项 目		允许偏差(%)
不均匀度	有效预应力同束不均匀度	10
	有效预应力同断面不均匀度	4
大小	单根钢绞线有效预应力大小	±5
	整束平均有效预应力大小	±5
注:不均匀度是指相对偏差,计算方法参见附录J。		

表9 有效预应力标准值的控制要求

设计张拉控制应力(MPa)	有效预应力(kN)	允许偏差(%)
$0.7f_{pk}$	168	±5
$0.75f_{pk}$	178	±5

注1:螺纹钢筋的锚下有效预应力应为设计张拉控制应力的90%~100%。
注2:对于跨度为20m以下的梁、现浇梁等,锚下有效预应力标准值应该按相关规范计算的理论值作为标准值。
注3:对于张拉控制应力不是0.7或0.75的,可用试验法、计算法确定。
注4:对于直径不是15.24mm的钢绞线,可用试验法、计算法确定。

16.2.4 对连续梁桥、连续刚构桥和斜拉桥等重要桥梁,宜将预应力施工质量检测的结果当日形成报告,对预应力施工质量进行综合分析。

附 录 A
（资料性附录）
检验批质量验收记录

A.1 检验批质量验收记录按表 A.1 执行。

表 A.1 检验批质量验收记录

单位工程名称				分部工程名称	
分项工程名称				验收部位	
施工单位				项目经理	
				施工员	
分包单位				负责人	
				施工班组长	
施工执行标准名称及编号					
施工质量验收规范规定值				施工单位检验记录	监理单位检验记录
主控项目	1				
	2				
	3				
	4				
	5				
	6				
	7				
	8				
一般项目	1				
	2				
	3				
	4				
	5				
施工单位检查评定结果			项目专职质检员：		年 月 日
监理单位验收结论			专业监理工程师：		年 月 日

附 录 B
（资料性附录）
预应力张拉跟踪记录

B.1 预应力张拉跟踪记录按表B.1执行。

表 B.1 预应力张拉跟踪记录表

工程名称					标段名称				
施工单位					监理单位				
桥名			梁号				张拉日期		
顶号			泵站号				标定日期		
浇筑日期			混凝土设计强度（MPa）				混凝土实测强度（MPa）		
绞线直径（mm）			抗拉强度（MPa）				弹性模量（MPa）		
孔号	泵站号	设计力（kN）	记录项目	回缩量（mm）	实测伸长（mm）	理论伸长（mm）	误差（%）	断丝情况	
备注									

自检意见：	监理意见：
质检人员： 年 月 日	监理人员： 年 月 日

附 录 C
(资料性附录)
锚下有效预应力检测验收记录

C.1 锚下有效预应力检测验收记录按表 C.1 执行。

表 C.1 锚下有效预应力检测验收记录

单位工程名称								
施工单位				检测单位				
单根绞线设计张拉控制应力				整束设计张拉控制应力				
断面号 (可添加)	孔号 (可添加)	根数	有效预应力 最大值	有效预应力 最小值	整束有效 预应力值	有效预应力 值偏差	同束 不均匀度	同断面 不均匀度
检查结论								
					检测人员：		年 月 日	
验收结论								
					监理工程师：		年 月 日	

附 录 D
（规范性附录）
预应力筋—锚具组装件周期荷载性能试验

D.1 一般规定

D.1.1 试验用的预应力筋—锚具组装件由锚具和预应力筋组装而成。试验用的锚具应是经过外观检查和硬度检验合格的产品。组装时应将锚具上的油污擦拭干净（允许残留微量油膜），不得在锚具上添加影响锚固性能的介质。组装件中组成预应力筋的各根钢材应等长平行、初应力均匀，其受力长度不得小于3m。

单根钢绞线的组装件试件及钢绞线母材力学性能试验用的试件，不包括夹持部位的受力长度不得小于0.8m；其他单根预应力钢材的组装件及母材试件最小受力长度可按照试验设备及相关标准确定。

对于预应力钢材在锚具夹持部位不弯折的组装件（全部锚筋孔均与锚板底面垂直），各根预应力钢材平行受拉，侧面不应设置有碍受拉或产生摩擦的接触点；如预应力钢材的夹持部位与试件轴线有转向角度（锚筋孔与锚板底面倾斜或倾斜安装挤压头的连接器等）时，应在设计转角处加装转向约束钢环，试件受拉时，该约束钢环不应与预应力钢材产生滑动摩擦。

D.1.2 试验用预应力钢材应有良好的匀质性，可由锚具生产厂家或检验单位提供，同时还应提供该批钢材的质量合格证明书。所选用的预应力钢材，其直径公差应在受检锚具设计的匹配范围之内。试验用预应力钢材应根据抽样标准，先在有代表性的部位取至少6根试件进行母材力学性能试验，试验结果应符合国家现行标准的规定（供需双方也可协议采用其他国家的相关标准）。并且，其实测抗拉强度平均值（f_{pm}）在相关钢材标准中的等级应与受检锚具的设计等级相同，超过该等级时不得采用。用某一中间强度等级的预应力钢材试验合格的锚具，在实际工程中，可用于不高于该强度等级的预应力筋，已受损伤的预应力钢材不得用于组装件试验。

D.1.3 试验用的测力系统，其不确定度不得大于2%；测量总应变的量具，其标距的不确定度不得大于标距的0.2%，指示应变的不确定度不得大于0.1%。

D.2 周期荷载试验

预应力筋—锚具组装件的周期荷载试验，可以在试验机或承力台座上进行，以100MPa/min～200MPa/min的速度加荷至试验应力上限值，再卸荷至试验应力下限值为第1周期，然后荷载自下限值经上限值再回复到下限值为第2周期，重复50个周期。经疲劳荷载试验合格后且完整无损的预应力筋—锚具组装件，可用于本项试验。

附 录 E
(资料性附录)
梳编穿束

E.1 短束穿束

对于预制梁等预应力筋束长度较短的构件,可充分利用施工现场器具材料做成整束穿束系统进行穿束施工,具体步骤如下:

a) 机具准备:扎钩、扎丝、梳编板(可用锚具代替)、透明胶带、刀片、油性笔、号码纸、卷扬机、钢丝绳(宜为 $\phi 8mm$)等。

b) 下料:每束绞线下料时应有一根绞线长出 10cm～20cm 作为中间绞线,其余各根绞线下料长度应基本一致。

c) 编号:把每根钢绞线的两端编上同样的号码,用透明胶带把写好的号码绑在钢绞线的两端,同时对锚具锚筋孔进行编号,两端的锚具锚筋孔同时编号,一块在绞线入口端编号,另一块在绞线出口端编号,两者均按相同位置与顺序对应编号。编号写在锚具的外露面(上夹片的一面)。如图 E.1 所示。

图 E.1 锚具锚筋孔编号

d) 端头绑扎:端头绑扎宜分层进行,逐层绑扎再全部绑扎。如图 E.1 所示 1、2、8 号绞线作为一层,7、9、3 号绞线作为一层,4、5、6 号绞线作为一层,先逐层绑扎,再整体绑扎成一个整体。绑扎好后的绞线根据每束绞线根数的不同呈正方形、矩形、梯形等形状。

e) 梳束:利用梳束板或锚具对钢绞线进行梳理,每梳理钢绞线长度约 1m 时,用扎丝把钢绞线扎紧,绑扎时扎丝端头朝上。逐段绑扎直到把钢绞线梳理完毕。

f) 穿束:钢丝绳一端连接卷扬机,另外一端做成绳套与绞线穿入端绑牢,穿入端端头可用塑料瓶套住并用胶带缠紧。启动卷扬机,缓慢匀速拉动绞线。

g) 对中调整:穿束完毕后将穿入端钢丝绳、塑料瓶、胶带去除,使绞线编号外露,先将中间绞线套入锚具孔内中间位置,上夹片,稍微顶紧,再将其他绞线分别套入对应的锚具孔内。旋动锚具使两端锚具各孔位对中。如图 E.1a)、b)所示 1 号绞线均在上方。

E.2 长束穿束

a) 在下料时,每束钢绞线应多下料 40cm～50cm,并对多下料的部分,使用大力钳或螺丝刀反向旋转钢绞线,使其散开,将散开的周边丝剥除,只保留中心丝。在剥除时,切忌伤害中心丝;在剥除后,周边丝长度基本保持长度一致,并将中心丝的端部使用角磨机倒楞磨边,避免穿束时伤及波纹管。

b) 对钢绞线和锚具进行编号。把每根钢绞线的两端编上同样的号码,用透明胶带把写好的号码绑在钢绞线的两端,同时对锚具进行编号,两端的锚具同时编号,一个是在绞线入口端(锥孔大端)编号,一个是在绞线出口端(锥孔小端)编号,两端均按相同位置与顺序对应编号,编号写在锚具的外露面。

c) 将钢绞线按锚具编号对应穿孔,并将中心丝穿入具有与锚具相似位置孔的牵引螺塞,牵引螺塞上各孔距略大于钢绞线直径。然后将每根中心丝镦头,墩头必须饱满,其直径应大于牵引螺塞孔的直径,以满足整束穿束时拖动绞线平动的要求。镦头后的整束钢绞线通过牵引螺塞和螺旋套连接,牵引螺塞外径和螺旋套内径相同,均带有丝口,拧紧即可,螺旋套另一端由卷扬机上的钢丝绳牵引。

d) 利用梳束板或锚具对钢绞线进行梳理,每梳理钢绞线长度约1m时,用扎丝把钢绞线扎紧(绑扎时扎丝端头朝上,逐段绑扎,直到把钢绞线梳理完毕)。梳束完毕后,钢绞线端头(包括周边丝切割部分)必须用胶带缠绕保护,注意端头缠胶带以前,应先用卷扬机牵引,使各绞线在镦头处长短一致,将纤维布(类编织带)从整束绞线的中心丝之间插入,然后沿绞线纵向方向紧密缠绕,外面再用透明胶带来回缠绕,中心丝部分应绑扎20cm~25cm,未切割部分应绑扎30cm~40cm,绑扎时一定要做到紧、平、顺,防止穿束过程中钢绞线端头散索以及周边丝端头伤害波纹管。此项步骤结束后,完成穿束前的梳编束工作,其钢绞线梳编束示意图如图E.2所示。

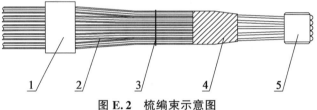

图 E.2 梳编束示意图

1-梳束板(或锚具);2-钢绞线;3-扎丝;4-绑扎胶带;5-牵引螺塞

e) 穿束时,将牵引螺塞与螺旋套连接,螺旋套另一端由主卷扬机上的钢丝绳牵引,另需一辅助卷扬机吊起钢绞线以克服其重力。穿束时由主卷扬机缓慢牵引整束绞线平动完成整束穿束,牵入端(牵出端)应保证整束进入(牵出)方向与波纹管轴线方向的一致,若受场地限制,可利用转向滑轮,也可增加卷扬机。

f) 穿束完毕后将穿入端钢丝绳、纤维布和胶带等去除,使绞线编号外露,将中间绞线套入锚具孔内中间位置,上夹片,稍微顶紧,再将其他绞线分别套入对应的锚具孔内。旋动锚具使两端锚具各孔位对中,完成梳编穿束工序。

E.3 工厂化预应力筋成品束

预应力筋束现已实现工厂化生产,在工地没有条件进行现场梳编穿束时,可购买工厂化预应力筋成品束。

附 录 F
（规范性附录）
预应力张拉控制设备进场验收

F.1 类型与主要性能指标

a) 类型

分为手动张拉控制设备、半自动张拉控制设备、自动张拉控制设备。

b) 主要性能指标

1) 多顶张拉同步性控制精度为±2%。
2) 张拉应力精度为±1.5%。

F.2 进场验收方法

对首次实施张拉控制考核上述指标是否满足要求，张拉完毕锚固后可进行锚下有效预应力检测，分析其大小和同断面不均匀度是否满足要求。

附 录 G
（规范性附录）
锚下有效预应力检测方法

G.1 锚下有效预应力检测的目的是检验张拉施工质量是否达到设计要求，检测必须由具有检测资质的机构来执行。

G.2 锚下有效预应力检测的要求与数量按本标准执行。

G.3 锚下有效预应力检测内容包括锚下有效预应力的力值大小、同束不均度、同断面不均度等。

G.4 锚下有效预应力的检测方法宜采用反拉法。

G.5 锚下有效预应力检测的检测设备应满足如下技术要求：
  a) 示值误差：±1% FS。
  b) 测试准确度：±1.5% FS。
  c) 重复准确度：1%。

G.6 锚下有效预应力检测的检测设备必须进行力学精度和检测精度双标定，并在计量校准合格后方可用于现场检测。

G.7 根据设计张拉控制应力确定锚下有效预应力范围，当检测出的锚下有效预应力值在公差范围内，则判为合格；反之为不合格。

G.8 现场检测
  a) 检查检测现场是否满足作业和人员安全的要求。检测前应采用挡板等可靠措施对钢束两端进行遮挡，避免可能出现的绞线断裂、夹片飞出而对现场人员造成伤害。
  b) 检查设备主要参数的设置是否正确（例如压力上限和下限）。
  c) 按顺序安装限位装置、千斤顶，连接控制网络，启动检测设备。
  d) 对检测设备（液压泵站、千斤顶）进行联机升压、退顶测试。
  e) 实施检测。计算机对泵站系统发出指令进行张拉，千斤顶咬紧预应力筋带动夹片沿轴线移动0.5mm，当夹片脱离锚杯时，计算机系统自动对所采集的数据进行分析处理，得出锚下有效预应力实测值。

G.9 当锚下有效预应力值检测不合格时，应具备分析不合格原因，并提供处理方案，待按更正后的方案施工后复检直至合格。

附 录 H
(规范性附录)
预应力孔道压浆设备进场验收

H.1 高速搅拌、低速储浆系统

a) 高速搅拌桶注满水,开动后测量搅拌转速应不小于 1 000r/min,搅拌叶的形状应与转速相匹配,其叶片线速度应 >10m/s 且 <20m/s,并应在规定时间内达到均匀要求。
b) 低速储浆桶应具有搅拌功能,且应设置网格尺寸不大于 3mm 的过滤网,在其注满水开动后,测量储浆搅拌转速应≤ 60r/min 且≥20r/min。

H.2 真空系统

试验方法按 GB/T 13929 规定,真空负压应达到 0.092MPa。

H.3 灌浆系统

试验方法按 JB/T 8091 中 5.1 内容对泵和泵机组的装配质量进行检验。
a) 泵启动前,向泵内注入试验介质,并把试验系统进、出口压力调节阀门全部打开,安全阀调到关闭状态。
b) 泵在规定转速下逐次升压到规定压力进行运转试验。规定压力点运行时间不少于 30min。
c) 检查泵运行中是否有不正常声响及异常振动现象,各结合面是否有外泄漏。
d) 测量泵轴承部位和轴封处的温升、泄漏量。

H.4 自动控制系统及信息处理

a) 通过人机界面设置参数,试验自动制浆功能。
b) 通过人机界面设置参数,试验压力自动控制功能、自动控制各阶段压浆时间功能。
c) 自动压浆试验完成后,压浆记录能保存,并自动输出。
d) 报警提示功能。

附 录 I
（规范性附录）
预应力施工技术培训与考核大纲

I.1 培训和考核目标

通过系统培训和考核，把桥梁施工从业人员培养成为掌握岗位技能的预应力施工专业人员，使之能够熟练掌握、正确运用和执行技术规范、施工程序和质量要求，进而使预应力精细化施工理念落实到每一个环节、每一位建设者，实现预应力施工标准化、规范化，确保工程建设质量。

I.2 培训和考核原则

a) 针对性原则：针对目前从事公路桥梁施工或即将进场从事桥梁施工从业人员的技术水平现状，制订培训计划和确定考核内容、考核目标，施工从业人员通过培训考核成为施工专业人员。

b) 实用性原则：培训和考核与现场预应力施工实际操作相吻合，以规范宣贯和现场实训为主。突出实用性和可操作性，重在解决操作技能，达到学以致用、提高技术水平和工程质量的效果。

c) 持续性原则：培训和考核制度化、常态化，对于已通过考核上岗的专业人员，开展继续教育，并不断掌握新材料、新设备、新工艺、新技术的工程应用。

I.3 培训、考核对象与条件

a) 培训对象：本地预应力施工从业人员、预应力施工管理人员（包括监理工程师）。

b) 参训条件：具备中专以上学历，具有从事预应力施工相关工作经验1年以上。

I.4 培训、考核内容与形式

a) 内容

培训内容包括2个模块：《预应力工程专业理论知识学习》（含基本原理、材料、设备、工艺、规范、安全等方面）和《预应力施工操作技能实训学习》（含预应力筋铺放、张拉、压浆的施工工艺操作学习）。

考核内容包括：理论知识考试和现场操作技能考核。预应力施工从业工人必须通过现场操作技能考核，才能获得从事预应力施工的岗位资格。预应力施工管理人员（包括监理工程师）必须通过理论知识考核，才能从事预应力施工管理工作（表I.1）。

表 I.1 工程建设有关人员培训要求

培训对象	培训内容	培训要求
预应力施工从业工人	预应力施工操作技能实训学习	必修内容
	预应力工程专业理论知识学习	选修内容
预应力施工管理人员（包括专业监理工程师）	预应力工程专业理论知识学习	必修内容
	预应力施工操作技能实训学习	选修内容

b) 培训、考核地点

初期利用大型工程项目预应力施工现场开展集中培训并现场考核。条件成熟后在固定培训地点学习考核。

I.5 培训和考核组织

初期可由建设单位组织培训和考核,条件成熟后可由行业主管部门组织培训和考核。培训和考核以实训和现场实际操作考核为主,注重实际操作能力培养和应用。

I.6 培训和考核大纲

a) 预应力工程专业理论知识培训和考核大纲

1) 预应力混凝土结构的基本原理

掌握预应力的原理。了解预应力混凝土的特点。

2) 预应力混凝土材料

了解预应力对混凝土的要求;掌握预应力筋的种类及进场检验要求;了解压浆材料的要求;掌握预应力孔道成孔材料的种类,了解成孔材料的检验。

3) 预应力锚固体系

了解黏结锚固体系原理;掌握国内常用的锚固体系;掌握千斤顶的种类;熟悉油泵;熟悉镦头器、压花机、挤压器。

4) 预应力设备

熟悉张拉设备的种类;了解张拉设备的工作原理,熟悉预应力用高压油泵的组成,掌握油泵的操作及注意事项,掌握张拉设备的工作条件及操作,掌握压浆泵和搅拌机的使用方法和使用过程中的注意事项。

5) 预应力施工工艺及质量控制

熟悉先张法施工工序;掌握后张法施工工序;掌握预应力筋的制作、管道安装、穿束、张拉、压浆施工工艺及注意事项;了解体外预应力施工。

6) 学习桥梁后张法预应力施工质量管理、相关规定。

熟悉相关技术标准要求,了解特殊检测技术。

b) 预应力施工操作技能实训和考核大纲

由主持培训部门委托有关专家按本规程要求编写。

附 录 J
（规范性附录）
锚下有效预应力不均匀度计算方法

J.1 有效预应力同束不均匀度计算方法

有效预应力同束不均匀度是同一束中各单根钢绞线锚下有效预应力最大值和最小值的偏差程度，其计算方法如下：

$$U_{同束} = \frac{P_{max} - P_{min}}{P_{max}} \times 100\% \tag{J.1}$$

式中：$U_{同束}$——锚下有效预应力同束不均匀度；
P_{max}——同一束内的单根有效预应力最大值；
P_{min}——同一束内的单根有效预应力最小值。

J.2 有效预应力同断面不均匀度计算方法

有效预应力同断面不均匀度是同一断面上同类、同批张拉的各束有效预应力最大值和最小值的偏差程度，其计算方法如下：

$$U_{同断面} = \frac{N_{max} - N_{min}}{N_{max}} \times 100\% \tag{J.2}$$

式中：$U_{同断面}$——锚下有效预应力同断面不均匀度；
N_{max}——同一束内的单根有效预应力平均值最大值；
N_{min}——同一束内的单根有效预应力平均值最小值。